Y WIWER

GOCH

Argraffiad Cymraeg: 2005
Cyhoeddir gan Garreg Gwalch Cyf.
© addasiad Cymraeg: Bethan Wyn Jones

Cyhoeddwyd yn wreiddiol yn 1997 gan
Colin Baxter Photography Ltd.,
Grantown-on-Spey,
Moray PH26 3NA
Yr Alban
www.worldlifelibrary.co.uk

Ailargraffiad 1998, 2001, 2005

Rhif rhyngwladol: 0-86381-968-0

Argraffwyd yn China

Y WIWER GOCH

Tom Tew a Niall Benvie

addasiad
Bethan Wyn Jones

Carreg Gwalch Cyf., Llwyndyrys

Cynnwys

Y Wiwer Goch

Golygfa sydd bron wedi diflannu bellach yw gweld gwiwerod coch yn sboncio a neidio'n uchel ym mrigau'r coed. Mae'n ddigon posib na fydd modd gweld y wiwer goch yn ei chynefin naturiol yng nghoedydd Cymru cyn bo hir oherwydd dyfodiad ei chyfnither o'r America – y wiwer lwyd. Oherwydd fod y wiwer lwyd wedi cynyddu yn ystod y ganrif ddiwethaf, mae niferoedd y wiwer goch yn gostwng, ac mae bellach yn anifail sydd mewn perygl o ddiflannu'n gyfan gwbl o'n gwlad.

Byddai dweud y fath beth wedi synnu ein cyndadau, hyd yn oed mor ddiweddar â chan mlynedd yn ôl. Roedd digonedd o wiwerod coch bryd hynny ac roeddent mor gyffredin â chwningod neu lwynogod. Beth, felly, sydd wedi digwydd i'r wiwer goch ac a oes unrhyw beth y gallwn ni ei wneud i'w diogelu rhag diflannu'n llwyr?

Yr enw gwyddonol arni yw *Sciurus vulgaris*, ac mae'r enw gwyddonol yn rhoi awgrym i ni o'i hymddygiad ac o'i statws blaenorol. Mae'r gair *Sciurus* yn gyffredin i'r wyth gwahanol rywogaeth o wiwerod sydd i'w canfod mewn coedwigoedd yn hemisffer y gogledd ac mae'n gyfuniad o ddau air Groeg – *skia* ac *oura*. Mae *skia* yn golygu 'cysgod' ac ystyr *oura* yw 'cynffon'. Felly, ystyr *Sciurus* yw 'creadur sy'n eistedd yng nghysgod ei gynffon' – sy'n ddisgrifiad cywir a chryno o wiwerod y coed. Ystyr *vulgaris* yw 'cyffredin'.

Pan benderfynodd Linnaeus yn 1758 ar yr enw gwyddonol hwn, y wiwer goch oedd y 'wiwer gyffredin'. Hyd yn oed heddiw, o'r holl wiwerod, y wiwer goch yw'r fwyaf niferus ar draws y byd, ac fe'i ceir hi o arfordir Portiwgal yn y gorllewin, ar draws Ewrop ac Asia i ynysoedd gogledd Japan yn y dwyrain. Mor ddiweddar â dechrau'r ganrif ddiwethaf, roedd gwiwerod coch yn gyffredin ac roedd digonedd ohonynt. Does yna ddim rheswm biolegol pam y dylai'r wiwer goch fod yn anifail prin fel, er enghraifft, sydd yn wir am rai o'n hanifeiliaid ysglyfaethus cynhenid sydd ar wasgar yma ac acw ar hyd y wlad. Ond mae tystiolaeth hanesyddol fod poblogaeth Brydeinig y wiwer goch wedi amrywio dros y canrifoedd.

Hanes Dosbarthiad a Niferoedd

Does dim llawer iawn o wybodaeth am ddosbarthiad na nifer y gwiwerod coch oedd o gwmpas erstalwm, gan nad oedd ein cyndadau wedi trafferthu cynnal cyfrifiad o anifeiliaid roedden nhw'n eu hystyried fel rhai cyffredin (ac mae hon yn wers mae cadwraethwyr yn araf iawn i'w dysgu, hyd yn oed heddiw). Serch hynny, mae cyfeiriadau yn llenyddiaeth Oes Victoria at y wiwer goch ac o'r rhain gallwn gael syniad gweddol ddibynadwy o'r sefyllfa.

Does dim dwywaith nad yw'r wiwer goch yn gynhenid i Ynysoedd Prydain, ac wedi ymsefydlu yma wrth i'r iâ gilio ar ddiwedd yr Oes Iâ ddiwethaf, ddeng mil o flynyddoedd yn ôl. Ychydig o gofnodion sydd i'w cael cyn y bedwaredd ganrif ar bymtheg, ond ymddengys i'r boblogaeth leihau yn niwedd yr ail ganrif ar bymtheg. Erbyn dechrau'r ddeunawfed ganrif mae'n debyg fod y wiwer goch wedi darfod yn Iwerddon a de'r Alban, ac erbyn diwedd y ddeunawfed ganrif roedd hefyd yn brin yn Ucheldiroedd yr Alban.

Erbyn diwedd y ddeunawfed ganrif, felly, roedd naturiaethwyr y cyfnod yn dechrau pryderu am brinder y wiwer goch ac yn 1780 dechreuwyd ailgyflwyno'r wiwer goch i ddeg safle yn yr Alban. O tua 1815 ymlaen, fe wnaed yr un peth yn Iwerddon. Mae'n bur debyg fod y stoc ar gyfer y rhan fwyaf o'r rhain wedi dod o Loegr, ond mae'n ddigon posib fod rhai anifeiliaid wedi dod o'r Cyfandir.

Wyr neb i sicrwydd a oedd cyflwyno'r wiwer goch fel hyn yn llwyddiannus ai peidio. Yr hyn sy'n amlwg, fodd bynnag, yw fod poblogaethau'r wiwer goch wedi cynyddu a ffynnu yn ystod y bedwaredd ganrif ar bymtheg a hynny oherwydd dwy ffactor. Yn gyntaf, bu cyfnod o blannu coed ar raddfa eang, ac roedd hyn, wrth reswm, yn golygu rhagor o gynefinoedd i'r gwiwerod coch. Yn ail, yn ystod Oes Victoria fe aeth ciperiaid ati i reoli anifeiliaid ysglyfaethus ar raddfa fawr, yn bennaf am fod eu meistri'n barnu eu gwaith yn ôl nifer crwyn a phlu yr anifeiliaid ysglyfaethus a welent ar grocbrennau'r ciperiaid. Roedd rhai o'r anifeiliaid ysglyfaethus hyn yn elynion naturiol i'r wiwer goch. Ar ddechrau'r ugeinfed ganrif, roedd digon o wiwerod coch unwaith eto ym Mhrydain. Yn wir, er bod hyn yn ymddangos yn anghredadwy erbyn heddiw, yn 1910 sefydlwyd Clwb Saethu Gwiwerod Cernyw er mwyn rheoli'r niferoedd mawr o wiwerod coch oedd yn creu difrod i goed a chynnyrch gardd. Wrth edrych yn ôl, gwelwn mai blynyddoedd cynnar yr ugeinfed ganrif oedd oes aur y wiwer goch ym Mhrydain. Tua 1920 y dechreuodd y lleihad ym mhoblogaeth y wiwer goch. Er enghraifft, erbyn 1942 nid oedd yr un wiwer goch i'w gweld ym Mharc Regent yn Llundain.

Bai dyn yn bennaf yw'r gostyngiad ym mhoblogaeth y wiwer goch. Ymddengys fod pobl Oes Victoria yn anfodlon gyda'r nifer a'r amrywiaeth o anifeiliaid a phlanhigion brodorol oedd i'w canfod yn y gwyllt yn Ynysoedd Prydain, ac roedden nhw'n cyflwyno rhyw anifail prin neu egsotig yn gyson i'r gwledydd hyn. Yr adeg honno, doedd ganddyn nhw fawr o syniad o'r hyn sy'n cael ei ystyried yn dderbyniol heddiw o ran syniadaeth ecolegol am gynefin (y mannau hynny ble mae anifeiliaid a phlanhigion wedi ennill troedle iddynt eu hunain) a'r cystadlu rhwng rhywogaethau am gynefinoedd. Yn ystod degawdau olaf y bedwaredd ganrif ar bymtheg a dau ddegawd cyntaf yr ugeinfed ganrif, daethpwyd â'r wiwer lwyd o Ogledd America (yn ogystal ag anifeiliaid eraill fel ceirw muntjac Tsieineaidd) yn gyson i Brydain. Erbyn 1920 roedd y wiwer lwyd wedi llwyddo i gael troedle cadarn, a rhwng 1930 a 1945 fe chwyddodd poblogaeth y wiwer lwyd gyda chanlyniadau trychinebus i'r wiwer goch.

Yn ddiweddarach, fe ddechreuodd rhai amau mai'r wiwer lwyd oedd yn gyfrifol am ddiflaniad y wiwer goch pan sylweddolwyd fod cynnydd yn niferoedd y wiwer lwyd yn golygu gostyngiad yn niferoedd y wiwer goch. Yn Ynysoedd Prydain felly, roedd yn ymddangos na allai'r gwiwerod coch a llwyd gyd-fyw gyda'i gilydd. Yn lleol, roedd pobl wedi sylwi mewn gwahanol rannau o'r wlad fod y gwiwerod coch wedi diflannu ymhen ychydig flynyddoedd ar ôl iddynt weld y rhai llwyd am y tro cyntaf.

Erbyn dechrau'r ganrif hon, roedd y wiwer goch bron iawn wedi diflannu'n llwyr o Gymru a Lloegr. Mae rhai eithriadau: poblogaethau ar ynysoedd fel Ynys Môn, Ynys Wyth a Brownsea, a phoblogaethau bychain, bregus yn fforestydd Cannock a Thetford, Fforest Clocaenog yn Sir Ddinbych, Cumbria (Rheged) yng ngogledd-orllewin Lloegr ac yn Northumbria yng ngogledd-ddwyrain Lloegr. Cawn adroddiadau misol gan grwpiau bychain lleol sy'n gwarchod y wiwer goch fod y wiwer lwyd yn lledaenu fwyfwy i'r ardaloedd hyn, a bod y rhagolygon i'r gwiwerod coch i'r de o'r Alban yn ymddangos yn ddigon digalon.

Gwaed Prydeinig pur? Ynteu a oes yna rywfaint o waed Ewropeaidd? Wyddon ni ddim yr ateb eto.

Erbyn hyn ystyrir y wiwer goch yn hardd a phrin, ond lai na chan mlynedd yn ôl roedd hi'n cael ei saethu am ei bod yn bla.

Mae'r ffaith fod poblogaethau'r wiwer goch wedi codi a gostwng gymaint dros y blynyddoedd wedi arwain rhai i ddadlau nad yw cyflwyno'r wiwer lwyd wedi achosi niwed i'r wiwer goch ac mai cyd-ddigwyddiad hanesyddol yw'r cyfan. Pa mor sicr y gallwn ni fod mai ar y wiwer lwyd y mae'r bai?

Yr ateb gwyddonol swta yw *'allwn ni ddim'*. Byddai ceisio profi'r ateb gwyddonol *'gallwn'* yn golygu cynnal arbrofion costus yn y maes dros gyfnod o ddegawdau, ond mae cadwraethwyr y wiwer goch yn dadlau na allwn fforddio aros am y fath ganlyniadau. Hefyd, mae'r mwyafrif llethol o gadwraethwyr yn gwbl sicr mai'r prif ffactor y tu ôl i ddiflaniad y wiwer goch yw dyfodiad y wiwer lwyd – yn syml iawn, mae'r dystiolaeth hanesyddol yn rhy amlwg i'w hanwybyddu. Mae heintiau, y tywydd a cholli cynefin i gyd wedi cael effaith, ond yn absenoldeb y wiwer lwyd, byddai'r wiwer goch wedi dychwelyd i'w chynefin a'i statws blaenorol erbyn hyn. Mae poblogaethau'r wiwer goch wedi amrywio – a hyn yn ganlyniad anorfod i fywydeg y wiwer hon a hefyd oherwydd ecoleg – ond roedd cyflwyno cystadleuydd dieithr i Ynysoedd Prydain mewn cyfnod pan oedd poblogaethau'r wiwer goch yn isel yn hoelen yn ei harch.

Bywydeg ac Ecoleg

Cnofilod yw gwiwerod, ac fel grŵp maen nhw fel arfer yn llwyddiannus iawn, gymaint felly nes bod 40 y cant o'r holl famaliaid sydd yn y byd yn gnofilod. Mae'r llwyddiant hwn yn rhannol am eu bod, yn nhermau esblygiad, yn grŵp cymharol ifanc – dim ond tua 30 miliwn o flynyddoedd oed! Golyga hyn fod llawer o amrywiaeth genetig yn y grŵp, ac o ystyried fod cnofilod yn bridio'n gyflym iawn, mae hyn yn gwneud y grŵp yn rym esblygiadol sy'n gallu addasu'n rhwydd. Mae gan y cnofilod ddannedd blaen sy'n gallu cnoi'n effeithiol dros ben ac ystyr y gair Lladin *rodere* yw 'cnoi'. Mae ganddynt hefyd ddannedd yn y bochau sy'n crensian y bwyd, ac mae hyn yn caniatáu iddynt gael amrywiaeth helaeth o fwyd. Golyga hyn y gall cnofilod yn unigol, ac fel grŵp esblygiadol, addasu'n rhwydd a gwneud defnydd o beth bynnag sydd o'u cwmpas. Llygod mawr a llygod bach yw'r cnofilod enwocaf, ond mae gwiwerod yn perthyn yn agos iddyn nhw ac yn rhannu llawer o'u nodweddion. Mae tair is-urdd o gnofilod – llygod, ballasgod a gwiwerod – ac yn is-urdd y gwiwerod yn unig mae 365 o wahanol rywogaethau mewn saith teulu.

Er ei bod yn brin erbyn hyn yn Ynysoedd Prydain, byddai'r rhan fwyaf o bobl yn adnabod gwiwer goch petaen nhw'n gweld un. Maen nhw'n anifeiliaid hardd sy'n tynnu llun da, nodweddion sy'n sicr o'u cadw ar gardiau Nadolig ac yn llygad y cyhoedd hyd yn oed os yw'r wiwer lwyd yn ymddangos yn amlach mewn llyfrau. Roedd yna wiwer goch yn llyfrau **Rupert** ac mae hanes Cochyn yn **Llyfr Mawr y Plant** – y wiwer fach oedd yn byw efo'i dad a'i fam, Wil ac Elin Wiwer yn Nhŷ'n y Dderwen.

Mae'r gwryw a'r fanw yn debyg iawn i'w gilydd, ac nid yw lliw eu côt yn gymorth i wahaniaethu rhyngddynt gan fod y lliw yn amrywio cryn dipyn. Mae gwiwerod hefyd yn newid eu côt gyda threigl y tymhorau. Yn y gaeaf, mae'r gôt yn drwchus a chynnes, ac fel rheol yn goch tywyll, gyda blewiach yn codi'n dwffiau coch tywyll tua 1¼ modfedd (3 centimetr) y tu ôl i'r clustiau. Mae'r gynffon yn arbennig iawn – yn hir a thrwchus ac yn goch tywyll cyfoethog. Y gwiwerod mwyaf trawiadol yw'r rhai sy'n gwisgo'u côt aeaf gynnes a thrwchus gyda'r lliw coch hardd. Yn yr haf, mae'n rhaid i'r wiwer wisgo côt ysgafnach nad yw cweit mor hardd ond sy'n fwy cyfforddus ar gyfer y tywydd cynhesach. Mae'r lliw yn aml yn llwytach a'r gynffon yn deneuach.

Mae'r wiwer ei hun tua 8½ modfedd (22 centimetr) o hyd, ac mae'r gynffon bron yr un hyd. O ran ei hyd, dydi hi ddim cymaint â hynny'n llai na'r wiwer lwyd sy'n 10 modfedd (26 centimetr) o flaen ei thrwyn i fôn ei chynffon. Mae'r wiwer goch, wedi iddi dyfu i'w llawn dwf, yn rhyfeddol o ysgafn am ei maint, ac yn pwyso 10½ owns (300 gram) ar gyfartaledd, tra bod y wiwer lwyd yn pwyso 19 owns (550 gram) ar ôl iddi dyfu i'w llawn dwf – bron iawn ddwywaith gymaint â'r wiwer goch.

Mae'r wiwer goch yn gallu gweld o'i chwmpas yn dda, sy'n bwysig iddi ar gyfer gweld anifeiliaid ysglyfaethus. Mae ganddi olwg deuliw, sy'n golygu ei bod yn gallu gwahaniaethu rhwng coch a glas ond nid rhwng coch a gwyrdd, felly mae hi'n gweld yn yr un ffordd ag y mae person sydd â dallineb coch/gwyrdd yn gweld. Mae ganddi hi hefyd wisgers synhwyrus tebyg i rai cath sy'n ei galluogi i fesur pellter a maint.

Mae gan wiwerod bum bys ar y traed ôl a'r traed blaen, er fod y bawd yn fach iawn ac yn creu'r argraff mai dim ond pedwar bys sydd yno. Mae crafangau hir a chryf ar fysedd y traed blaen a'r traed ôl ac mae'r rhain yn gwbl hanfodol i'r wiwer goch ar gyfer dringo. Defnyddia'r bysedd ar y traed blaen yn ddeheuig iawn wrth drin a thrafod darnau bach o fwyd fel hadau. Mae'n ymddangos fod gwiwerod coch, fel pobl, yn gallu bod naill ai'n llaw dde neu'n llaw chwith.

Wŷr neb yn iawn pa mor hen y gall gwiwerod coch fyw yn y gwyllt, ond mae'n bur debyg mai rhyw chwech neu saith mlynedd ar y mwyaf yw hyd eu bywyd, er fod yna rai wedi byw cyn hyned â deng mlwydd oed mewn caethiwed.

Defnyddir y gynffon drwchus, hardd gan y wiwer goch i gadw cydbwysedd, ond gall hefyd gael ei defnyddio fel lluman. Mae sawl un wedi gweld gwiwerod 'blin' mewn gardd yn dwrdio ac yn dangos eu hanfodlonrwydd drwy chwifio'u cynffon yn ôl a blaen, yn enwedig pan fo cath o gwmpas. Ond yn amlach na pheidio defnyddio'r gynffon i anfon negeseuon i'w rhywogaeth ei hun – yn gyfeillion ac yn elynion, yn wrthwynebwyr ac o bosib yn gymar – y bydd y wiwer goch. Mae'n bosib fod y gynffon drwchus hefyd yn bwysig wrth gadw'n gynnes yn arbennig felly yn ystod misoedd y gaeaf. Drwodd a thro, bydd gwiwer sydd wedi colli neu anafu ei chynffon, efallai

Y traed blaen deheuig a'r dannedd yn cyfuno i drin bwyd yn gelfydd.

*Er ei bod yn hapusach mewn coeden, gall y wiwer fentro i'r ddaear
lle mae'n ysgafn a chwim ei throed.*

o ganlyniad i gael ei tharo gan fodur neu ar ôl cwffas ag anifail ysglyfaethus, yn cael trafferth goroesi.

Am y rhan fwyaf o'r amser, anifeiliaid sy'n hoffi crwydro ar eu pennau eu hunain yw gwiwerod coch er, yn amlwg, mae cyfnodau sy'n eithriad i hyn. Yn ystod y tymor paru ar ddechrau'r flwyddyn, ni fyddant yn crwydro ar eu pennau eu hunain ac fe fydd cryn redeg, rasio a neidio yn gyflym ym mrigau uchaf y coed. Bydd darganfod a chadw cymar yn golygu dilyn un anifail ac ymlid anifail arall, a hyn i gyd drwy weiddi a sgrialu yn y coed. Ceir tystiolaeth hefyd bod gwiwerod coch yn nythu'n gymunedol, yn arbennig yn ystod y tywydd oer ac yn fwy na thebyg rhwng aelodau o'r un teulu neu gymdogion.

Mae gan wiwerod coch eu 'cynefin agos', sy'n golygu fod ganddyn nhw eu 'milltir sgwâr' eu hunain a byddant yn adnabod y darn hwn o dir ac yn teithio drwyddo'n rheolaidd. Wnân nhw ddim, fodd bynnag, ymladd â'i gilydd am y rhannau hyn o goedlannau, ac eithrio pan fo rhaid i'r fam amddiffyn a diogelu ei rhai bach. Mae'r 'filltir sgwâr' yn gallu amrywio, ond ar gyfartaledd mae'n mesur tua 17½ erw (7 hectar). Gall milltir sgwâr gwahanol anifeiliaid orgyffwrdd â'i gilydd, ac fel rheol fe geir, ar gyfartaledd, rhwng 0.3 ac 1.0 gwiwer goch mewn 2½ erw (1 hectar), mewn unrhyw fath o goedwig. Mewn cymhariaeth, fe allech gael un wiwer lwyd mewn hectar o goed coniffer. Pan fyddan nhw mewn coed collddail, fodd bynnag, ceir hyd at dair gwiwer lwyd mewn erw (8 mewn hectar).

Mae gan y wiwer goch ddau fath o nyth: un nyth solet, cadarn ar gyfer y gaeaf, ac un arall ar gyfer yr haf sy'n fwy o nyth dros dro. Mewn gwirionedd, rhyw fath o lwyfan yw nyth yr haf er mwyn i'r wiwer gael cyfle i orffwys pan mae'r tywydd yn boeth neu er mwyn cipio noson fer o gwsg. Fel rheol, llwyfan o frigau ydyw, wedi ei godi'n frysiog ac fel arfer nid yw'n para'n hir iawn. Mae nyth y gaeaf ar y llaw arall yn gartref llawer mwy swmpus, a gall nyth o'r fath fod cymaint â 20 modfedd (50cm) ar ei draws a phara am flynyddoedd lawer cyn disgyn i'r llawr. Mae'n rhaid i nyth y gaeaf fod yn gartref clyd a diogel i'r wiwer drwy gydol y tymor ac felly mae'n rhaid iddo fod yn ddigon cryf i wrthsefyll nid yn unig y tywydd garw a gwyntoedd cryfion ond hefyd anifeiliaid ysglyfaethus. Mae dwy haen i'r nyth: ar y tu allan mae haen drwchus o frigau wedi eu plethu (rhai sydd fel rheol wedi eu cymryd o'r goeden lle mae'r nyth), ac ar yr ochr fewnol mae haen gyfforddus o fwsogl, dail a ffwr. Os y wiwer fanw sy'n adeiladu'r nyth ar gyfer magu teulu, fe fydd yr haen fewnol yn arbennig o glyd a chysurus. Heblaw am y nyth i fagu teulu, mae'r wiwer goch hefyd yn aml yn adeiladu ac yn defnyddio mwy nag un nyth ar yr un pryd. Yn ei milltir sgwâr mae'n ddigon posibl y bydd dau, neu hyd yn oed dri nyth, yn cael eu defnyddio yn ystod yr un cyfnod.

Yn gyffredinol, adeiledir y nyth o leiaf 10 troedfedd oddi ar y llawr (3 medr). Fydd y nythod ddim yn rhy uchel nac mewn llecyn rhy agored, fodd bynnag, gan fod cael cysgod rhag y gwynt yn bwysig. Fel rheol, byddant yn is na 30 troedfedd (9 medr) ac yn aml yn agos at foncyff y goeden. Bydd y nyth hefyd yn cael ei adeiladu ar goeden sydd oddi fewn i glwstwr o goed gan fod dewis o goed yn cynnig dihangfa hwylus mewn argyfwng. Un o'r adegau gorau i chwilio am nythod gwiwerod coch yw yn ystod yr hydref pan fo'r dail yn dechrau disgyn; yr amser gwaethaf yw yn ystod yr haf pan fo'r dail yn eu gorchuddio.

Magu Teulu

Mae bywydeg magu teulu'r wiwer goch yn eithaf didrafferth ond mae'i gallu i fridio'n llwyddiannus yn dibynnu'n helaeth ar faint o fwyd sydd ar gael. Mae'r gwryw a'r fanw yn drythyll – fe wnaiff y gwryw gyplu gyda mwy nag un fanw, a'r fenyw gyplu gyda mwy nag un gwryw. Does yna fawr o ymdrech i ddenu cymar cyn paru ychwaith, heblaw am yr ymlid sy'n digwydd pan fo'r fanw'n gofyn gwryw. Yr adeg honno, fe gaiff ei hymlid ym mrigau uchaf y coed gan haid o wrywod a'r rheiny'n awyddus i baru am mai am ddiwrnod yn unig yn ystod cylch magu y fanw y bydd hi'n gofyn cymar, ac ar y diwrnod hwnnw bydd ei harogl yn denu pob gwryw yn yr ardal ati. Fel rheol mae'r fanw'n ymddwyn yn ymosodol tuag at y gwrywod, ond yn ystod diwrnod y paru, bydd yn llai ymosodol. Mae galwadau tyner y gwrywod yn gymorth i dawelu llid y fanw. Yn ystod yr ymlid, mae hierarchaeth y gwrywod i'w weld yn glir. Mae'n debyg fod hyn yn gysylltiedig ag oed, pwysau a phrofiad, ond fe all lleoliad tiriogaeth y gwryw a'r fanw hefyd fod yn allweddol. Unwaith mae'r gwryw wedi cyplu gyda'r fanw, dyna ddiwedd ar ei ddyletswyddau tadol ac ni fydd yn cyfrannu dim at y gwaith o fagu ei epil.

Gall y tymor bridio ddechrau mor gynnar â mis Rhagfyr, pan fydd yr oedolion ifanc a aned yr haf blaenorol yn dechrau paru, a phara mor

Pan mae'r tywydd yn oer, mae'r wiwer goch yn colli gwres y corff yn gyflym unwaith y bydd hi wedi gadael y nyth.

Wrth chwilio am fwyd mae'r wiwer goch yn wynebu dewisiadau anodd yng nghanol gaeaf.

ddiweddar â mis Medi pan fydd nythaid yr haf yn cael eu diddyfnu. Mae nifer y rhai bach gaiff eu geni yn cyrraedd uchafbwynt ddwywaith y flwyddyn, y cyntaf tua mis Mawrth a'r ail ym mis Mehefin. Mewn blwyddyn arferol, bydd beichiogaeth yn para tua 5–6 wythnos, ac fel arfer fe fydd tri o gywion bach yn cael eu geni. Bydd y rhain yn cael sugno'r fam am tua 8–10 wythnos. Felly, yn gyffredinol, un nythaid yn unig fydd y fanw yn ei fagu bob blwyddyn, ond mewn blynyddoedd da pan fo'r gaeaf yn fwyn a digonedd o fwyd o gwmpas, gall gwiwer fanw lwyddo i godi ail nythaid. Yn ogystal, bydd llawer iawn mwy o wiwerod yn bridio, bydd nifer y rhai bach a gaiff eu geni ym mhob nyth yn codi, ac fe fydd nifer y cywion sy'n llwyddo i oroesi yn codi hefyd. Mae'r gwiwerod coch, felly, yn gallu manteisio ar y blynyddoedd da ac mae nifer y gwiwerod ifanc sydd o gwmpas yn yr hydref yn ddibynnol iawn ar faint o fwyd sydd ar gael y flwyddyn honno.

Pan gânt eu geni, rhyw 0.3–0.5 owns (10–15 gram) fydd y wiwer fach yn ei bwyso ac maen nhw hefyd yn noeth, yn ddall, yn fyddar ac ni allant olchi eu hunain. Mae'r fam yn ffyrnig o ofalus ohonynt yn ystod deufis cyntaf eu bywyd. Bydd eu blew yn dechrau tyfu ar ôl wythnos neu ddwy, a bydd eu dannedd blaen uchaf yn torri ar ôl tair wythnos, a'r dannedd blaen gwaelod yn torri ar ôl pum wythnos. Ni fydd eu llygaid yn agor na'u clyw yn datblygu nes y byddant tua mis oed. Pan maen nhw tua saith wythnos oed maen nhw'n dechrau bwyta bwyd solet, ac yn dechrau tyrchu a dringo'n eithaf da.

Ar ôl rhyw ddeufis, mae'r cywion yn dechrau gadael eu nyth a mynd i chwilota, tra bydd y fam yn cadw llygad arnynt. Os byddant yn mentro'n rhy bell, ni fydd y fam yn hir cyn cael gafael ynddynt gerfydd eu gwar a'u cario'n ôl i'r nyth. Yn raddol, mae'r gofal mamol yn llacio ac mae'r gwiwerod ifanc yn dechrau crwydro ymhellach o'r nyth nes yn y diwedd mae'r dydd yn gwawrio pan na fyddan nhw'n dychwelyd. Os yw'r rhai bach wedi eu magu yng nghanol y tymor bydd y fam yn aml iawn yn eu goddef yn ystod yr hydref a'r gaeaf, cyn eu troi nhw allan i'r byd mawr. Pan fo'r nythaid yn un cynnar, fodd bynnag, bydd y fam yn gyrru'r gwiwerod ifanc i ffwrdd yn ystod yr haf wrth iddi gyrraedd ei hail gyfnod o ofyn cymar, mewn da bryd ar gyfer ei hail nythaid.

Gweithgaredd a Bwydo

Yn wahanol i'r gred gyffredinol, ni fydd y wiwer goch yn cysgu dros y gaeaf, er ei bod yn llai prysur yn ystod misoedd oer y gaeaf. Mae gwiwerod yn brysur yn ystod y dydd, er fod yr union amser pan maen nhw'n brysur yn amrywio yn ôl adeg y flwyddyn. Yn ystod dyddiau byr y gaeaf maen nhw'n tueddu i ddod allan ganol y bore i chwilio am fwyd. Yn yr haf, pan mae'r dyddiau'n hwy ac yn gynhesach, mae'r gwiwerod yn brysur iawn am ddau gyfnod yn ystod y dydd: fel rheol am awr neu ddwy wedi iddi wawrio ac wedyn am awr neu ddwy cyn iddi dywyllu gyda'r nos. Yn amlwg, dyma adegau oeraf y diwrnod ac mae'n ymddangos fod y wiwer bob amser yn ceisio cadw gwres y corff yn rhesymol. Mae hyn yn nodweddiadol o lawer o anifeiliaid bychain â gwaed cynnes sy'n dueddol o ennill a cholli gwres ynghynt nag anifeiliaid mwy o faint. Mewn blwyddyn gron, felly, mae'r wiwer yn ceisio arbed egni a chadw'n gynnes yn y gaeaf ac yn ceisio cadw rhag mynd yn rhy boeth yn yr haf.

Mae'n rhwyddach gweld nyth y wiwer goch yn yr hydref a'r gaeaf.

Yn ymarferol, golyga hyn fod gan wiwer unigol ddewis anodd i'w wneud yn ystod y gaeaf. A ddylai hi adael ei nyth clyd a diddos i chwilio am fwyd? Ynteu a ddylai hi aros yn ei hunfan a cheisio arbed egni? Mae'r dewis yn dibynnu ar y tywydd: pan fo'r tywydd yn oer iawn, neu os oes gwyntoedd cryfion neu law trwm, pur anaml y gwelwch chi'r gwiwerod allan yn chwilio am

Mae traed blaen a thraed ôl cryf ac ewinedd hir yn golygu fod mynd i lawr y goeden cyn hawsed â'i dringo.

fwyd. Mae llawer hefyd yn dibynnu ar faint o fwyd sydd ar gael; os oes digonedd o gnau o'r hydref blaenorol yna mi fydd bywyd yn gymharol braf i'r wiwer. Yn wir, os yw'r tywydd yn weddol dyner ac os oes digon o gnau o gwmpas, gall gwiwerod ddechrau bridio yng nghanol y gaeaf. Ond os yw'r gaeaf yn galed, y ddaear wedi rhewi'n gorn, a'r cnau'n brin ers yr hydref, yna fe all y gaeaf fod yn amser anodd iawn i'r gwiwerod. Bydd raid iddynt fentro o'u nythod clyd i chwilio am fwyd, ac wrth chwilio am fwyd, byddant yn colli gwres y corff yn gyflym. Os nad ydyn nhw'n gallu canfod bwyd, fe fyddan nhw'n oeri a mynd yn fwy llwglyd. Fel hyn mae cylch dieflig yn cychwyn ac, yn y diwedd, fe fydd y gwiwerod yn methu cael hyd i fwyd, yn oeri a llawer iawn ohonyn nhw'n marw.

Mae'n demtasiwn i gredu mai'r gwiwerod llwyd sy'n tueddu i fyw mewn coedwigoedd collddail, a'r gwiwerod coch yw'r rhai sy'n byw mewn coedwigoedd conifferaidd, ond nid yw hyn yn gwbl wir. Mae coedwigoedd cynhenid Ynysoedd Prydain yn gymysgedd o goed llydanddail fel y dderwen, yr onnen, y llwyfen, y ffawydden a'r gastanwydden, ac yn amlach na pheidio fe fydd isdyfiant o lwyni cyll. Cyn i'r wiwer lwyd gyrraedd Ynysoedd Prydain, roedd y wiwer goch i'w chanfod ar draws y wlad. Roedd hi hefyd i'w chanfod ar draws cyfandiroedd Ewrop ac Asia mewn coedwigoedd cynhenid lle roedd coed llydanddail yn tyfu, er mai coed coniffer oedd i'w canfod fwyaf ledled y byd. Felly, serch fod gwiwerod coch wedi esblygu i raddau helaeth mewn coedwigoedd conifferaidd, maen nhw lawn mor hapus yn byw mewn coedwigoedd llydanddail, os cân nhw lonydd.

Fel y rhan fwyaf o gnofilod, nid oes fawr o ots gan wiwerod coch beth maen nhw'n ei fwyta, ond mae cael cyflenwad parod o fwyd yn allweddol i'w goroesiad. Yn gyffredinol, llysfwytawyr yw gwiwerod ac fe wnân nhw fwyta beth bynnag sydd ar gael, ond does dim amheuaeth mai eu prif fwyd yw cnau. Fe wnân nhw hefyd fwyta aeron a ffwng pan fo'r rhain ar gael. Mae pobl yn aml yn rhyfeddu o ddeall fod gwiwerod coch yn bwyta ffwng, ond mewn un astudiaeth ar Ynys Wyth treuliodd gwiwerod coch 90 y cant o'u hamser yn ystod y dydd ym mis Rhagfyr yn bwyta un math arbennig o ffwng oedd yn tyfu ar y dderwen. Maen nhw hefyd yn bwyta egin, blagur, blodau, rhisgl a chen. Yn

Hyd yn oed wrth fwyta, rhaid gwylio'n gyson rhag anifeiliaid rheibus.

achlysurol fe wnân nhw hefyd roi'r gorau i fod yn llysfwytawyr a bwyta pryfetach ac wyau adar.

Mae arwyddion bwydo yn hawdd i'w hadnabod. Mae cnau mawr, fel y cnau a geir ar y gollen, yn cael eu hollti yn eu hanner, heb unrhyw ôl cnoi ar blisgyn y gneuen. Pan fo cnofilod bychain y goedwig fel llygod bach a llyg yn bwyta'r cnau, bydd mwy o olion cnoi ar y gneuen. Nodwedd arall o arferion bwyta'r wiwer goch yw'r moch coed sy'n cael eu gadael ar ôl ar lawr y goedwig. Mae'r rhain fel rheol yn daclusach pan maent wedi cael eu gadael gan wiwerod na phan gânt eu gadael gan adar sy'n bwyta hadau. Yn aml iawn fe fydd gan wiwerod eu hoff fan bwyta, er enghraifft bonyn coeden, ac mae modd gweld gweddillion y moch coed o gwmpas y bonyn. Mae hon yn ffordd dda o ddilyn trywydd y wiwer. Mae bwydo ar risgl y goeden hefyd yn hawdd i'w adnabod gan fod y rhisgl yn aml yn hongian i lawr yn stribedi hir. Gall hyn ddigwydd mewn unrhyw fan ar foncyff y goeden, o'r gwaelod i fyny hyd at frigau uchaf y goeden. Bwydlen gymharol gyffredinol sydd gan y wiwer goch; yr hyn sy'n bwysig yw fod bwyd ar gael.

Un ffordd o sicrhau fod bwyd ar gael yn gyson yw drwy ofalu bod y pantri'n llawn. Pan fo digonedd o fwyd ar gael yn y goedwig, mae'r wiwer yn mynd ati i gasglu llwyth o gnau a'u cuddio. Fe all wedyn ddychwelyd i'r guddfan yma pan fo bwyd yn brin. Un broblem, fodd bynnag, yw fod yna anifeiliaid eraill o gwmpas y goedwig sy'n debygol o ddarganfod y storfa – bydd gwiwerod eraill yn ogystal ag adar ac anifeiliaid hefyd yn chwilio am bryd o fwyd hwylus. Mae gwiwerod coch yn storio dau fath o fwyd: ffwng a hadau. Mae ffwng yn cael ei wthio i bob agen, hollt, twll a chornel sydd ar gael er mwyn ei sychu. Wedyn bydd modd iei fwyta dros gyfnod hir o amser. Mae hadau a moch coed yn cael eu claddu fesul un yma ac acw o fewn eu milltir sgwâr. Mewn astudiaeth o wiwerod yng Ngwlad Belg gwelwyd hyn yn amlwg yn y ffordd roeddynt yn cuddio moch coed pinwydden yr Alban yn ystod yr hydref. Mae'n debyg eu bod yn gwneud hyn i rwystro adar rhag bwyta'r hadau – petai'r moch coed yn cael eu gadael ar y brigau, byddai'r adar yn gallu cyrraedd atynt drwy gydol y gaeaf. Wyr neb yn iawn a yw gwiwerod coch yn gallu cofio cuddfannau penodol, ynteu ai lleoliad mwy cyffredinol y gallant ei gofio. Bydd llawer wedi gweld gwiwerod yn chwilio'n wyllt mewn llecyn arbennig am gneuen a gladdwyd yn flaenorol, ac mae'r dull hwn o chwilio yn awgrymu mai cofio'r ardal maen nhw yn hytrach na'r man penodol. Mae ymchwil wedi

Mae cofio ble y cuddiwyd y cnau yn dyngedfennol.

dangos, fodd bynnag, fod gwiwerod coch (oedolion) yn gallu arogli a darganfod moch coed sydd wedi cael eu claddu 12 modfedd (30 centimetr) o dan wyneb y ddaear, ac mae yna siawns dda y gall chwilio ddatgelu pantri rhywun arall! Gyda llaw, does dim amheuaeth nad yw dull y wiwer o gladdu yma ac acw fel hyn yn ffordd ardderchog o hybu tyfiant coed ifanc – cyn belled â bod y wiwer yn anghofio ble y claddodd hi'r gneuen!

Mae gwiwerod coch yn llawer hapusach, ac yn fwy diogel, ar frigau'r coed nag ar y llawr, ac mae'n ymddangos eu bod yn treulio tua 70 y cant o'u hamser oddi ar y llawr. Serch hynny, pan maen nhw ar y llawr maen nhw'n ysgafndroed ac yn sgrialu neu neidio mewn cyfres o adlamau sionc gan aros yn aml i sicrhau nad oes perygl wrth law. Pan maen nhw'n oedi fel hyn, mae eu pen a'u cynffon i fyny mewn ystum sy'n gwbl nodweddiadol o'r anifeiliaid hoffus yma. Mae gwiwerod coch hefyd yn gallu nofio, er mai mater o raid pan gyfyd argyfwng yw hyn yn hytrach na nofio o ddewis. I fyny yn uchel ym mrigau'r coed, mae eu sioncrwydd a'u gallu i neidio yn sicrhau eu bod yn symud yn arswydus o gyflym. Mae ganddyn nhw sawl dull o ddianc, gan gynnwys dringo i fyny boncyff coeden neu gangen ar yr 'ochr dywyll', neu, yn achlysurol, yn 'rhewi' gyda'r corff a'r gynffon yn gwbl wastad ar y boncyff neu'r gangen. Tra bod ymddygiad o'r fath yn eu gwneud yn ysglyfaeth anodd i'w gyrraedd, nid yw hyn yn eu diogelu nhw'n llwyr rhag ymosodiad.

Er bod gwiwerod coch yn cael eu cipio gan nifer o wahanol anifeiliaid ac adar ysglyfaethus, mae eu cyflymder a'u sioncrwydd wedi sicrhau mai dim ond dau o'r rhain sy'n chwilio'n benodol am wiwerod ac sy'n arbenigwyr ar eu dal – y gwalch Marth a'r bele. Hyd yn oed pan fo adar ac anifeiliaid ysglyfaethus o'r fath yn byw yn naturiol ar draws y wlad, cymharol ychydig yw nifer y gwiwerod coch y llwyddant i'w dal a'u bwyta. Erbyn heddiw, gan fod y gwalch Marth a'r bele wedi dioddef erledigaeth gan bobl (ar hyn o bryd mae llai na 1,000 o'r gweilch Marth a 4,000 o'r bele ym Mhrydain), does fawr o berygl iddynt fod yn fygythiad i boblogaeth y wiwer goch.

Mae'r wiwer yn gwybod ble mae'r man diogelaf yn ei milltir sgwâr i eistedd a bwyta.

Cadwraeth

Gwelsom sut mae poblogaeth y wiwer goch yn ymddangos fel pe bai wedi codi a gostwng ym Mhrydain yn ystod y canrifoedd diwethaf, a gwelwyd fod y gostyngiad dramatig yn niferoedd y wiwer goch yn gysylltiedig â chyflwyniad gwiwer lwyd Gogledd America i Ynysoedd Prydain. Ond sut mae'n bosibl i un rhywogaeth beryglu bodolaeth un arall ac a oes unrhyw beth y gallwn ei wneud i adfer y sefyllfa?

Erbyn heddiw mae'r wiwer goch i bob pwrpas wedi ei chyfyngu i'r Alban a rhai ardaloedd ac ynysoedd yng Nghymru a Lloegr (gw. td. 10 uchod). Mae'n dal yn gyffredin yn Iwerddon, er mae'n bosibl fod gostyngiad yn y boblogaeth wedi digwydd yng Ngogledd Iwerddon. Yn 1995, gwnaed amcangyfrif mai dim ond 160,000 o wiwerod coch oedd ym Mhrydain, gyda 120,000 yn yr Alban, 30,000 yn Lloegr a 10,000 yng Nghymru. O'r gwiwerod yn Lloegr, roedd 85 y cant yn Cumbria a Northumbria. Gwnaed amcangyfrif fod yna dros 2.5 miliwn o wiwerod llwyd ym Mhrydain.

Mae ymchwil gwyddonol yn awgrymu fod gan y wiwer lwyd fantais o ran ei phatrwm bwyta a bod y wiwer lwyd yn gallu gwneud hyn am iddi esblygu i fod mewn cryfach sefyllfa na'r wiwer goch mewn coedwigoedd collddail.

Mae pwysau'r ddau anifail yn eithriadol o bwysig. Mae'r wiwer lwyd, fel y dywedwyd eisoes, yn pwyso bron ddwywaith gymaint â'r wiwer goch. Mae'r gwahaniaeth hwn yn eu pwysau wedi datblygu dros gyfnod o amser am fod y ddwy rywogaeth wedi esblygu drwy ddatblygu strategaeth wahanol wrth fwydo. Rhaid cofio, wrth gwrs, na wnaeth y ddwy rywogaeth esblygu ochr yn ochr â'i gilydd; yn ddiweddar iawn y cafodd y wiwer lwyd ei chyflwyno gan ddyn. Am ei bod yn fwy, mae gan y wiwer lwyd fantais arwyddocaol dros y wiwer goch. Mae'r wiwer goch wedi esblygu i fod yn un o greaduriaid y goedwig sydd wedi addasu'n well na'r wiwer lwyd, ac sy'n treulio llawer iawn mwy o'i hamser yn chwilota am fwyd ym mrigau uchaf y coed. Gyda'i sioncrwydd a'i hysgafnder gall y wiwer goch ddringo'r gangen leiaf a bwyta'r hadau lleiaf; mae hi'n bwyta'n ddeheuig a gofalus a gall dynnu'r hadau lleiaf fesul un ac un o foch coed. Ond mae'r wiwer lwyd yn fwy ac yn gryfach na'r wiwer goch er ei bod yn llai deheuig. Serch hynny mae ganddi fantais dros y wiwer goch sy'n caniatáu iddi fod yn fwy o faint. Mae'r gwiwerod llwyd nid yn unig yn well yn ffisiolegol na'r gwiwerod coch mewn coedwigoedd collddail, ond maen nhw hefyd yn gallu defnyddio'r cnydau'n fwy effeithiol. Maen nhw'n gallu treulio rhai o'r hadau sydd ar gael (cnau castan a mes yn arbennig) yn well na'r gwiwerod coch, ac maen nhw hefyd yn gallu bwyta rhai o'r hadau (cnau'r gollen yn bennaf) cyn iddyn nhw aeddfedu'n llawn ac felly'n eu bwyta cyn i'r gwiwerod coch gael cyfle.

Pan fo'r ddwy rywogaeth yn gorgyffwrdd mewn coedwigoedd collddail, mae'r gystadleuaeth rhyngddynt braidd yn unochrog, gan fod y gwiwerod llwyd yn gallu bwyta'r rhan helaethaf o'r cynhaeaf cnau cyn i'r gwiwerod coch gael cyfle. Hyd yn oed pan fo'r gwiwerod coch yn cael cyfle i fwyta mes, dydyn nhw ddim yn gallu gwneud cystal defnydd o'r maeth ynddyn nhw, ac felly maen nhw'n llai llesol i'r gwiwerod coch nag i'r rhai llwyd.

Mae'r gystadleuaeth anghyfartal yma'n cael ei wneud yn waeth gan y gwahaniaeth ym maint y gwiwerod a'r angen i gynyddu eu pwysau er mwyn gallu goroesi'r gaeaf. Pan fo'r gaeaf yn galed a'r wiwer yn methu mynd allan i chwilio am fwyd, mae'n talu i gael haen o fraster i gadw'n gynnes ac i gael storfa o ynni i ddal ati. Ond, fel bocsiwr pwysau plu, mae'r wiwer goch wedi datblygu i fod yn chwilotwr bach, heini ac ni all fforddio ennill gormod o bwysau yn yr hydref; ar gyfartaledd mae pwysau ei chorff yn cynyddu tua 10% (tua 1 owns/30 gram). Fel bocsiwr pwysau trwm, nid yw'r wiwer lwyd yn gorfod poeni'n ormodol am ei phwysau a gall ennill tua 20% o bwysau'r corff (tua 4owns/110 gram) yn yr hydref. Felly, mae gwiwerod llwyd yn gallu storio tua 3–4 gwaith cymaint o fraster â'r gwiwerod coch. Mewn coedwigoedd collddail ym Mhrydain, gyda chymysgedd o goed cyll a derw, byddai'r wiwer goch yn naturiol yn dibynnu'n drwm ar gnau'r gollen i ennill pwysau yn yr hydref ac i'w storio ar gyfer y gaeaf, ac felly gadw'n iach ac ar yr un pryd bwyso digon drwy'r gaeaf. Pan mae llawer o wiwerod llwyd o gwmpas (ac unwaith maen nhw wedi cael troedle, maen nhw'n cynyddu'n gyflym iawn gan fod eu poblogaethau'n cael hwb am fod yna ddigon o fes ar gael) maen nhw'n bwyta'r cnau oddi ar y gollen yn gyntaf, ac yn gwneud hynny cyn i'r gwiwerod coch gael siawns i fynd atynt. Mae'r prinder cnau wedyn yn golygu y bydd y gwiwerod coch yn colli

Pan mae'n fater o gystadlu am fwyd, mae'r wiwer goch bob tro'n colli i'r wiwer lwyd.

pwysau, a hyn yn golygu na fyddan nhw mewn cystal cyflwr i oroesi'r gaeaf a bridio'n llwyddiannus.

Faint o obaith sydd i'r wiwer goch? Heb ymyrraeth gan ddyn, mae'r sefyllfa mewn coedwigoedd collddail yn edrych braidd yn ddigalon, er fod rhai camau y gellir eu cymryd. Mewn rhai fforestydd conifferaidd, fodd bynnag, mae'n ymddangos fod gwiwerod coch yn gallu cystadlu a churo'r rhai llwyd. Nid yw gwyddonwyr yn gwbl sicr eto pa fath o fforestydd sydd orau ym mhob amgylchiad, ac fe all y sefyllfa wahaniaethu mewn gwahanol rannau o Brydain. Mae ymchwil yng Nghymru gan gadwraethwyr y wiwer goch a choedwigwyr yn dangos mai mewn coedwig eang (mwy na 5,000 erwau/2,000 hectar) sydd â choed conifferaidd yn bennaf, y gall fod llygedyn o obaith. Dylai coedwigoedd o'r fath gael 'llain warchod' o goed conifferaidd neu dir agored o ddwy filltir (3 cilomedr) o leiaf i atal y gwiwerod llwyd rhag crwydro i warchodle'r wiwer goch. Am yr un rheswm dylai fod cyn lleied ag sy'n bosib o ffin i'r goedwig – mae coedwigoedd siâp crwn neu sgwâr yn well i'r wiwer goch na darn hir o goedwig. Mae'n fanteisiol i'r wiwer goch gael llwybrau sy'n cysylltu'r rhannau hynny o'r goedwig sy'n cynhyrchu hadau, fel nad oes rhannau agored yng nghanol y goedwig gan y byddai hyn yn ynysu gwiwerod coch neu boblogaethau unigol ohonynt. Dylai'r goedwig gynnwys traean o goed ifanc (llai na 15 mlwydd oed), traean canolig (15–30 blwydd oed a thraean o hen goed (dros 30 mlynedd) a chymysgedd o rywogaethau addas. Credir fod pinwydden yr Alban, y binwydden gamfrig, y sbriwsen, y ffynidwydden, yr ywen, y ddraenen wen a'r rhosyn gwyllt i gyd yn ffafrio'r wiwer goch, tra bod y fedwen, y gerddinen, yr onnen, yr helygen, yr aethnen a'r wernen i gyd yn rhai diddrwg didda. Dylid rheoli'r goedwig er mwyn gadael coed unigol a chlystyrau o goed sy'n addas i'r gwiwerod coch allu adeiladu nythod ynddyn nhw. Efallai y bydd argymhellion fel y rhain yn golygu y bydd rheolwyr coedwigoedd y dyfodol yn diogelu'r wiwer goch mewn rhannau helaeth o Ynysoedd Prydain, ac yn arbennig felly y fforestydd masnachol sydd â choed conifferaidd yn brif gnwd.

Yn anffodus, mae astudiaethau eraill yn ne Lloegr yn llai gobeithiol. Mewn coedwig goniferaidd o gwmpas harbwr Poole darganfuwyd nad oedd y gwiwerod coch yn gallu cael digon o fantais dros y rhai llwyd fel eu bod yn

Ar y tir mawr ym Mhrydain, dim ond mewn coedwigoedd conifferaidd mawr y gwelwch olygfa fel hon.

ffynnu. Cred y gwyddonwyr sy'n gyfrifol am y gwaith hwn y dylid edrych i gyfeiriad cynefin 'ynysig' am achubiaeth i'r wiwer goch yn ne Prydain, naill ai'n llythrennol, fel yn achos Ynys Wyth, neu'n drosiadol drwy greu llain glir o gwmpas pob gallt o goed.

Cododd problem arall i'r wiwer goch o ganlyniad i'r duedd ddiweddar i blannu coed collddail o fewn planigfeydd conifferaidd. Clodwiw iawn oedd y cynlluniau i greu amrywiaeth mewn cynefin ar gyfer bywyd gwyllt ac i wella mwynhad dyn o'i amgylchedd drwy wneud cerdded mewn coedwig yn fwy diddorol ac amrywiol. Yn anffodus, mae cyflwyno rhai rhywogaethau o goed a llwyni collddail, yn arbennig y rhai hynny â hadau mawr fel coed derw, ffawydd, coed cyll a chastan, wedi rhoi troedle i'r gwiwerod llwyd, gan agor llwybr iddyn nhw a chaniatáu iddyn nhw lifo a threiddio'n ddwfn i'r coedwigoedd conifferaidd. Yn yr un ffordd yn union, fe all rhannu cynefin da yn ddarnau wneud rhai mannau yn llai addas ar gyfer y wiwer goch, gan ei gwneud yn haws i'w niweidio a'i disodli gan y wiwer lwyd. Credir mai darnau sylweddol di-dor o goedydd conifferaidd cymysg sy'n gwneud y cynefin gorau i'r wiwer goch a dylid diogelu'r rhain.

Mae'r cnau mwyaf yn cael eu torri yn eu hanner ac yn cael eu gadael ag ochrau llyfn.

Tra bod y math yma o reolaeth fforestydd yn rhywbeth i'w ganmol, rhan o strategaeth tymor hir yw hyn oll. Mae yna hefyd ffyrdd mwy ymarferol ac uniongyrchol o reoli'r wiwer lwyd, hyd yn oed os nad ydyn nhw bob amser at ddant pawb. Y prif ffyrdd yw naill ai drwy yrru'r wiwer lwyd allan o gynefin

Cydbwysedd, cysgod, lluman a dwfe – dyna ddefnydd y gynffon.

arbennig neu drwy ei maglu a'i difa, neu rywsut i droi'r fantol er mwyn hybu goroesiad y wiwer goch.

Os derbyniwn mai'r wiwer lwyd sy'n bennaf cyfrifol am y lleihad yn niferoedd y wiwer goch (ac mae hyn bellach yn cael ei dderbyn, hyd yn oed os nad oes modd profi hynny y tu hwnt i bob amheuaeth), yna mae'n rhaid i ni hefyd dderbyn na fydd y wiwer goch yn gallu adfeddiannu ei thiriogaeth naturiol yn y DG nes y caiff y wiwer lwyd ei dileu o'r ynysoedd hyn. Nid yw cael gwared ar y rhywogaeth, fodd bynnag, yn fater syml i gadwraethwyr na'r cyhoedd. Ceisiwyd rheoli'r wiwer lwyd ar raddfa eang o'r blaen yn ystod pumdegau'r ganrif ddiwethaf pan oedd yn bla 'newydd' i lawer o drigolion cefn gwlad. Cynigiodd llywodraeth y dydd dâl am bob cynffon wiwer lwyd a gyflwynid i'r awdurdodau. Yn anffodus, fe wnaeth ciperiaid ddeall yn fuan mai'r ffordd orau i siwtio eu pocedi oedd drwy beidio â lladd yr holl wiwerod llwyd ar unwaith, gan mai un taliad yn unig fyddai hynny'n ei olygu, ond yn hytrach eu 'cynaeafu' fesul tipyn er mwyn cael ffynhonnell sicr a dibynadwy o incwm dros gyfnod o amser. Felly, fe fethodd y system wobrwyo ag atal lledaeniad y wiwer lwyd a chan ei bod braidd yn ddrud beth bynnag, fe ddaeth i ben.

Ceir dulliau newydd erbyn hyn o sicrhau mai dim ond y gwiwerod llwyd sy'n cael eu targedu gan unrhyw ymgyrch reoli. Un o'r rhain yw'r defnydd gofalus o wenwyn gwrthgeulo, sy'n difa gwiwerod llwyd yn yr un ffordd ag y mae'n lladd llygod mawr. Mae defnyddio technegau o'r fath wedi ennyn gwrthwynebiad llawer o bobl – er nad oes ganddyn nhw'r un cydymdeimlad yn achos llygod mawr. Mae gwyddonwyr yn awr yn edrych ar y posibilrwydd o ddatblygu rheolyddion eraill megis dulliau atalcenhedlu imiwnyddol. Pe bai cynlluniau o'r fath yn dwyn ffrwyth, byddai modd lleihau poblogaeth y wiwer lwyd mewn ffordd gwbl ddi-boen a thros gyfnod o amser byddai'r boblogaeth yn diflannu. Ond mae ffordd bell i'w cherdded cyn bod y fath dechnegau'n addas i'w defnyddio yn y maes ac mae'n amlwg yn hanfodol fod y dechneg yn gwbl ddiogel cyn dechrau ei defnyddio.

Lawn cyn bwysiced yw'r ffaith fod nifer o bobl (ac yn arbennig y rhai hynny sy'n byw mewn dinasoedd) wedi dod i adnabod, hoffi a gwerthfawrogi'r wiwer lwyd a'i derbyn fel rhan bwysig o'u hamgylchedd. Nid yw'n gwneud fawr o wahaniaeth iddyn nhw fod y wiwer lwyd yn greadur estron sydd wedi ei

Mae'r clustiau ar i fyny, y llygaid yn llydan agored a'r corff yn glòs at y boncyff yn awgrymu fod anifail rheibus gerllaw.

chyflwyno i Ynysoedd Prydain, na bod gwiwerod llwyd yn achosi colled economaidd sylweddol i fuddiannau coedwigaeth. Mae llawer o gadwraethwyr yn derbyn na fyddai'r mwyafrif o'r cyhoedd yn dymuno cael gwared ar y wiwer lwyd yn llwyr, hyd yn oed petai hynny'n bosibl.

O dderbyn hyn, mae'n dilyn fod yn rhaid i ni dderbyn na fydd y wiwer goch byth yn dychwelyd i'w chynefin naturiol ar hyd a lled Ynysoedd Prydain, ac y bydd yna ddarnau mawr o'r wlad lle na fydd gwiwerod coch oni bai fod ymyrraeth gyson gan ddyn. Yn sicr fe fydd ardaloedd lle y gall gweithredu uniongyrchol fod yn dderbyniol. Yn yr ardaloedd hyn mae'n bosibl y gellid rheoli gwiwerod llwyd. Dylid cymryd gofal mawr i sicrhau na fydd y wiwer lwyd yn symud i'r ardaloedd hynny lle mae'r wiwer goch ar hyn o bryd yn mwynhau rhyddid, e.e. ynysoedd (naill ai oddi ar y tir mawr neu mewn cynefinoedd sydd wedi eu hynysu ar y tir mawr).

Ffordd arall o roi cymorth i'r wiwer goch yw drwy ei bwydo hi heb fwydo'r wiwer lwyd yr un pryd. Mae ymchwilwyr wedi datblygu hopran i ddal bwyd sy'n gallu gwahaniaethu rhwng pwysau'r ddwy rywogaeth. Mae yna ddrws sy'n tripio rhwng y bwyd a'r fynedfa i'r twnnel a dim ond y gwiwerod ysgafn all fynd heibio iddo; mae gan y gwiwerod coch felly fodd o gael at bentwr mawr o gnau aeddfed, sych tra bod y gwiwerod llwyd, trymach yn disgyn drwy'r drws cyn cyrraedd at y bwyd. Drwy wasgaru'r hopranau bwyd mewn gwahanol fannau gobeithir y byddan nhw'n rhoi cyfle i wiwerod coch gasglu digon o fwyd iddyn nhw fagu digon o bwysau i oroesi'r gaeaf ac i fridio'n llwyddiannus, er gwaethaf cystadleuaeth oddi wrth y gwiwerod llwyd.

Yn y mannau hynny lle mae bwydo artiffisial yn gyffredin, er enghraifft yn Formby ar arfordir Swydd Gaerhirfryn, a'r gwiwerod coch a llwyd yn cystadlu â'i gilydd, ymddengys fod y wiwer goch yn fwy niferus. Nid yw'n glir eto a yw hyn yn ddull cyffredinol y gellid ei ddefnyddio mewn mannau eraill, ac mae astudiaethau eraill naill ai wedi methu dangos unrhyw effeithiau llesol neu wedi dangos mai effaith dros dro yn unig sydd yno. Mae cadwraethwyr hefyd yn poeni am y problemau posibl y gall bwydo anifeiliaid gwyllt eu creu drwy ddod â llawer o anifeiliaid gwyllt at ei gilydd i un ardal annaturiol o fach. Gallai hynny olygu cynnydd yn y perygl o heintiau a syrthio'n ysglyfaeth i anifeiliaid eraill, neu olygu fod gwiwerod coch yn mynd ati i guddio llawer iawn o gnau a'r rhain wedyn yn cael eu darganfod a'u defnyddio gan wiwerod llwyd. Er mwyn i fwydo ategol fod yn llwyddiannus, rhaid iddo ddigwydd dros gyfnod hir; does

Yn union fel ffesantod,
mae'r wiwer goch yn ddigon hapus i fanteisio ar garedigrwydd dyn!

dim pwrpas mewn cynyddu poblogaeth y wiwer goch drwy fwydo'n artiffisial ac wedyn rhoi'r gorau iddi; gallai hynny fod yn wrthgynhyrchiol a chreulon. Mae'n rheidrwydd felly i fwydo ategol gael ei weld fel cryn ymrwymiad. Yn gyffredinol, mae bwydo'r wiwer goch yn ategol yn golygu cynllunio gofalus gan ystyried yn union sut y gall effeithio arni. Mae angen targedu gofalus i sicrhau fod y bwydo hwn yn cael ei ddefnyddio yn y rhannau hynny o'r wlad fydd yn elwa, a rhaid monitro'n ofalus dros gyfnodau penodedig i fesur yr effeithiau.

Er mwyn i gadwraeth y wiwer goch fod yn llwyddiannus, byddai'n ddymunol cyd-gysylltu ymgyrch ledled Ynysoedd Prydain. Dechreuodd y fath gydgysylltiad yn sgil cyhoeddi *UK Strategy for Red Squirrel Conservation*, gan y Cyd-bwyllgor Cadwraeth Natur, cynghorwyr y llywodraeth ar gadwraeth natur. Mae gan yr *UK Strategy* gefnogaeth eang gan bawb o gadwraethwyr y wiwer goch, gyda'r prif fwriad o gadw poblogaethau iach a hunan-gynhaliol o'r wiwer goch mewn ardaloedd lle mae'r wiwer lwyd naill ai'n brin neu'n absennol. Mewn ardaloedd lle mae poblogaethau'r wiwer goch dan fygythiad oherwydd eu bod yn ynysig, yn fach o ran nifer neu am eu bod yn agos at boblogaethau'r wiwer lwyd, mae'n rhaid rhoi cymorth pan fo hynny'n ymarferol bosib.

Mae'r *UK Strategy* yn gosod mecanwaith ar gyfer cyrraedd yr amcanion hyn, gan gynnwys monitro poblogaethau'r wiwer goch drwy gyfri a chofnodi eu niferoedd a'u dosbarthiad ar draws y wlad, rheolaeth dda o'r cynefin neu adnoddau i geisio troi'r fantol i ffafrio'r wiwer goch. Mae'n argymell ymchwil gwyddonol i wella gwybodaeth o ecoleg y wiwer goch fel y gallwn roi gwell cymorth iddi yn y dyfodol, a hybu ei statws a'i hanghenion i gynulleidfa sydd mor eang â phosib, fel bod pobl yn sylweddoli difrifoldeb y bygythiad iddi.

Y mamal brodorol diwethaf i ddiflannu o'r tir ar Ynysoedd Prydain oedd y blaidd yng nghanol y ddeunawfed ganrif; ein gobaith yw nad y wiwer goch fydd nesaf, ac y byddwn yn cadw i'r oesau a ddêl y cyfle i weld yr anifeiliaid hardd, swil hyn yn eu cynefin naturiol yng nghoedydd Ynysoedd Prydain.

Dydi'r wiwer goch ddim yn cysgu dros y gaeaf – mae hi o gwmpas drwy'r flwyddyn.

Gwiwerod Coch Môn

Mae Môn yn lloches i un o'r poblogaethau mwyaf o wiwerod coch yng Nghymru, ac mae astudiaethau arloesol Dr Craig Shuttleworth wedi dangos mai'r unig ffordd i roi cyfle a chwarae teg i'r wiwer goch yn ei chynefin naturiol yw drwy ddifa'r gwiwerod llwyd sydd ar yr ynys. Pan ddechreuwyd ar brosiect Gwiwerod Coch Môn yn 1998 dim ond rhyw 40 o wiwerod coch oedd yn weddill yng nghoedwig gonifferaidd Mynydd Llwydiarth ar ochr ddwyreiniol yr ynys. Erbyn Gwanwyn 2002, roedd y rhif wedi cynyddu i tua 100 o oedolion a hynny drwy drapio a difa'r gwiwerod llwyd. Ar y dechrau roedd y gwiwerod coch wedi eu cyfyngu i un ardal fechan o fewn y goedwig ond yn raddol fe lwyddon nhw i ailwladychu'r safle gyfan ac erbyn hyn mae yna wiwerod coch wedi cael eu dal yng nghoed derw a chyll Wern y Wylan sy'n ymylu ar goedwig gonifferaidd Mynydd Llwydiarth. Yn 2003, daliwyd dwy wiwer goch oedd wedi symud o'r goedwig gonifferaidd i goedwig lydanddail ger Cors Erddreiniog tua 3 milltir (5 cilomedr) o Fynydd Llwydiarth.

Y cynnydd hwn ym mhoblogaeth y wiwer goch a'i lledaeniad ym Môn yw'r prawf ysgrifenedig cyntaf fod poblogaeth y wiwer goch wedi ymateb yn bositif i reolaeth ar y wiwer lwyd, ac mae'r gwaith ymchwil yma wedi ysbrydoli grwpiau cadwraeth lleol mewn ardaloedd eraill i ddechrau rheoli'r wiwer lwyd.

Yn anffodus, dim ond 3.5 y cant o Fôn sydd wedi ei gorchuddio gan goed a chan fod y coedwigoedd ymhell oddi wrth ei gilydd ac yn hynod dameidiog, go brin y bydd y wiwer goch yn gallu adfeddiannu ei thiriogaeth naturiol ar yr ynys yn gyflym. Am y rhesymau hyn, dechreuwyd ar gynllun o ailgyflwyno'r wiwer goch mewn safle sydd gryn bellter oddi wrth Fynydd Llwydiarth. Erbyn gaeaf 2004-5 dylai fod rhwng 20 a 25 o wiwerod coch yn crwydro'n rhydd yn y goedwig hon.

Mae Môn bellach yn hafan allweddol i'r wiwer goch yng Nghymru.

Ffeithiau am y Wiwer Goch

Enw gwyddonol: *Sciurus vulgaris*

Enwau Saesneg: *common squirrel, brown squirrel, con, skug*

Maint: pen a chorff: 8½ modfedd (22cm)

Pwysau oedolyn: 10½ owns (300 gram) ar gyfartaledd

Cynefin: coedwigoedd o bob math ac mewn trefi ar y Cyfandir

Magu teulu: beichiog 5-6 wythnos, tri chyw fel rheol, sugno rhwng 8 a 10 wythnos

Bwyd: hadau'n bennaf ond fe wnaiff fwyta pob math o fwyd gan gynnwys ffwng, ffrwythau, aeron, blagur, tyfiant ir a blodau

Arwyddion:

Olion traed: pedwar bys ar y traed blaen yn ymestyn ymlaen, pum bys ar y traed ôl gyda'r traed blaen y tu ôl ac oddi fewn i'r traed ôl; y traed ôl yn fwy na'r traed blaen; hyd y cam tua 13¾ modfedd (35 centimedr)

Baw: siâp silindr neu grwn, y lliw yn dibynnu ar y bwyd; ychydig yn llai na baw cwningen

Bwyta: cnau'r gollen wedi ei haneru gan adael dau hanner i'r gneuen gydag ochrau llyfn; moch coed y coed conifferaidd gyda llwyth o gen wedi ei adael ar ôl; olion bwyta wedi eu gwasgaru neu yn bentyrrau wedi cael eu gadael o gwmpas boncyffion coed wedi eu torri.